BIBLIOTHÈQUE PARLEMENTAIRE

LOIS CONSTITUTIONNELLES

DE LA

RÉPUBLIQUE FRANÇAISE

ANNOTÉES ET MISES AU COURANT DE LA DERNIÈRE RÉVISION

PAR

MM. POUDRA ET PIERRE

PARIS

A. QUANTIN, ÉDITEUR

Imprimeur de la Chambre des Députés

7, RUE SAINT-BENOIT, 7

1885

LOIS

CONSTITUTIONNELLES

DE LA

RÉPUBLIQUE FRANÇAISE

BIBLIOTHÈQUE PARLEMENTAIRE

DIRIGÉE PAR

M. EUGENE PIERRE

Secrétaire-Rédacteur de la Chambre des Députés
Chargé du Service législatif
au Secrétariat général de la Présidence.

LOIS
CONSTITUTIONNELLES

DE LA

RÉPUBLIQUE FRANÇAISE

ANNOTÉES ET MISES AU COURANT DE LA DERNIÈRE REVISION

PAR

MM. POUDRA ET PIERRE

———————

PARIS

A. QUANTIN, ÉDITEUR

Imprimeur de la Chambre des Députés

7, RUE SAINT-BENOIT, 7

1885

PROCÉDURE

SUIVIE

POUR LE VOTE ET LA REVISION

DES

LOIS CONSTITUTIONNELLES

———

Les lois constitutionnelles de la République française sont au nombre de cinq ; l'une d'entre elles, la loi des 19-21 juin 1879, ne contient qu'une disposition purement abrogatoire.

Les deux premières lois constitutionnelles ont été votées par l'Assemblée nationale en 1875, sur le rapport d'une Commission de trente membres élue, en séance publique, au scrutin de liste, conformément aux prescriptions de l'article 2 de la loi du 20 novembre 1873.

Ces deux lois sont relatives : l'une, qui porte la date du 24 février 1875, à l'organisation du Sénat ; l'autre, qui porte la date du 25 février 1875, à l'organisation des pouvoirs publics.

Les membres de la Commission sur le rapport de laquelle ces lois avaient été votées ayant donné leur démission au mois de mai 1875, l'Assemblée décida, le 21 mai 1875, qu'une Commission nouvelle serait élue dans les formes indiquées à l'article 2 de la loi du 20 novembre 1873.

C'est sur le rapport de cette seconde Commission que la loi du 16 juillet 1875, relative aux rapports des pouvoirs publics, a été adoptée.

Les trois lois qui formaient ainsi la constitution de la République sont demeurées sans modification jusqu'au 19 juin 1879. A cette date, une première revision a eu lieu dans le but d'abroger l'article 9 de la loi du 25 février 1875 relatif au siège des pouvoirs publics.

Nous avons retracé, dans notre supplément au *Traité de droit parlementaire*, la procédure suivie pour arriver à cette revision. Il nous semble utile d'indiquer ici sommairement les diverses phases de cette procédure.

Le 22 mars 1879, M. Méline avait déposé sur le bureau de la Chambre des Députés un rapport concluant à l'adoption de la résolution suivante : « La Chambre des Députés décide qu'il y a lieu de reviser l'article 9 de la loi constitutionnelle du 25 février 1875, pour être procédé conformément à l'article 8 de la même loi, et charge son président de soumettre la présente résolution à

M. le président du Sénat. » La Chambre avait adopté cette résolution, séance tenante, après déclaration d'urgence.

Le texte authentique de la résolution, transmis au président du Sénat, fut communiqué au Sénat dans la séance du 24 mars. Le même jour, M. Peyrat déposa un projet de résolution dont le texte était conforme à celui de la Chambre des Députés. Ce projet fut adopté par le Sénat dans la séance du 14 juin. Le 17 juin, la Chambre reçut communication d'une lettre par laquelle le président du Sénat. prenant le titre de président de l'Assemblée nationale, l'informait que l'Assemblée se réunirait le 19 juin, à dix heures du matin, dans la salle des séances de la Chambre des Députés. Le même jour, la même communication fut faite verbalement au Sénat, par le président de cette Chambre. Avant la réunion de l'Assemblée, les diverses questions de matériel, de règlement et de personnel, qui se rattachaient au fonctionnement de l'Assemblée nationale, furent discutées et résolues dans une conférence tenue par les bureaux des deux Chambres réunis chez le président du Sénat [1].

L'Assemblée nationale se réunit le 19 juin dans la salle des séances de la Chambre des Députés, sous la présidence du président du Sénat, assisté des secrétaires du Sénat. Sur la proposition de son président, l'Assemblée adopta pour ses délibérations le règlement de l'Assemblée nationale de 1871, sous la réserve du 3e paragraphe de l'article 8 de la loi du 25 février 1875, relatif à la majorité nécessaire pour la validité des votes de revision. On trouvera à la page 19 du

1. Les précédents de la revision de 1879 ont été repris et confirmés pour la revision de 1884.

1.

supplément au *Traité de droit parlementaire* le texte de ce règlement, coordonné d'après la nature des opérations d'une assemblée de revision [1].

Dès que l'Assemblée eut été déclarée constituée, le Garde des Sceaux déposa un projet de loi portant abrogation de l'article 9 de la loi du 25 février 1875. Ce projet, déclaré urgent, fut renvoyé à l'examen d'une commission nommée au scrutin de liste dans les bureaux. Après le tirage des bureaux, la séance fut suspendue. Les bureaux se réunirent à deux heures ; à quatre heures, leurs opérations étaient terminées, la séance reprise, et le président annonçait le résultat du scrutin. La Commission fut invitée à se réunir

1. Nous devons ajouter que les deux Chambres, se réunissant de nouveau pour procéder à une revision partielle, le 4 août 1884, ont introduit dans ce règlement deux modifications qui sont indiquées plus loin, p. 12 et 13.

immédiatement, et la séance fut de nouveau suspendue. Lorsqu'elle fut reprise, la Commission déposa son rapport, dont les conclusions furent immédiatement adoptées après de courtes observations. Le président invita l'un des secrétaires à donner lecture du procès-verbal. Un membre demanda que les sénateurs et les députés fussent autorisés le lendemain à rectifier à la tribune de leur Chambre respective les erreurs de votes qui pourraient être commises au *Journal officiel*. Le président fit remarquer que cette demande était inadmissible, puisque le Sénat et la Chambre sont des assemblées absolument distinctes de l'Assemblée nationale.

Après avoir constaté que l'ordre du jour de l'Assemblée nationale était épuisé, le président déclara la séance levée.

Après les élections générales de 1881,

la question de savoir s'il n'y avait pas lieu de reviser les lois constitutionnelles fut soulevée par diverses propositions d'initiative parlementaire et par un projet du Gouvernement. Une première résolution tendant à déclarer qu'il y avait lieu de reviser les lois constitutionnelles fut adoptée par la Chambre des Députés, dans la séance du 26 janvier 1882.

Le Sénat n'ayant pas adopté de résolution semblable, M. Jules Ferry, président du Conseil, appela la Chambre à délibérer de nouveau sur la question de revision en déposant sur son bureau, le 24 mai 1884, un projet de résolution tendant à la revision partielle des lois constitutionnelles. Après examen d'une Commission, et sur le rapport de M. Ferdinand Dreyfus, la Chambre adopta la résolution suivante, dans sa séance du 3 juillet 1884.

« Article unique. — Conformément à l'article 8 de la loi constitutionnelle du 25 février 1875 et sur la demande du Président de la République, la Chambre des Députés déclare qu'il y a lieu à reviser :

« 1° Le paragraphe 2 de l'article 5 de la loi constitutionnelle du 25 février 1875 relative à l'organisation des pouvoirs publics ;

« 2° L'article 8 de la même loi constitutionnelle du 25 février 1875 ;

« 3° Les articles 1 à 7 de la loi constitutionnelle du 24 février 1875 relative à l'organisation du Sénat ;

« 4° L'article 8 de la même loi constitutionnelle du 24 février 1875 ;

« 5° Le paragraphe 3 de l'article 1er de la loi constitutionnelle du 16 juillet 1875 sur les rapports des pouvoirs publics. »

Le 5 juillet 1884, M. le président du Conseil déposa sur le bureau du Sénat un projet de résolution dont le texte était identique à celui que la Chambre venait d'adopter. Ce projet fut renvoyé à l'examen d'une Commission, qui proposa, par l'organe de **M.** Dauphin, une résolution amendée, dont le texte était ainsi conçu :

« Article unique. — Conformément à la loi constitutionnelle du 25 février 1875, et sur la demande du Président de la République, le Sénat déclare qu'il y a lieu de reviser :

« 1° Le paragraphe 2 de l'article 5 de la loi constitutionnelle du 25 février 1875 relative à l'organisation des pouvoirs publics;

« 2° Le paragraphe **3** de l'article 8 de la même loi constitutionnelle du 25 février 1875, en ce qui touche la question de savoir si le droit de revision peut s'appliquer à la forme républicaine du Gouvernement;

« 3° Les articles 2 à 7 de la loi constitutionnelle du 24 février 1875, relative à l'organisation du Sénat, en ce qui touche la question de savoir s'ils seront ou non distraits des lois constitutionnelles;

« 4° Le paragraphe **3** de l'article 1er de la

loi constitutionnelle du 16 juillet 1875 sur les rapports des pouvoirs publics. »

Ce texte fut adopté par le Sénat dans la séance du 29 juillet 1884, avec une extension dans le § 3° qui commence ainsi : « Les articles 1 à 7 de la Loi constitutionnelle du 24 février 1875... »

M. le président du Conseil déposa un texte identique sur le bureau de la Chambre, dans la séance du 30 juillet 1884. Le lendemain, M. Ferdinand Dreyfus, rapporteur de la Commission de revision, déposa un rapport tendant à ce que le second projet de résolution présenté par le Gouvernement fût adopté sans amendements. Ces conclusions furent consacrées par une résolution que la Chambre vota le même jour. Les deux Chambres se trouvaient, dès lors, avoir adopté des résolutions identiques tendant à la revision partielle des lois constitutionnelles.

En conséquence, l'Assemblée nationale de revision, composée du Sénat et de la Chambre des Députés, se réunit au palais de Versailles, le lundi 4 août 1884, sous la présidence de M. Le Royer, président du Sénat, assisté de MM. Édouard Millaud, Honnoré, Barbey, Emile Guyot, Vivenot et Léon Clément, secrétaires du Sénat. Le bureau de l'Assemblée nationale se trouvait ainsi constitué, aux termes de l'article 11 de la loi du 16 juillet 1875.

Dans sa première séance, l'Assemblée nationale adopta le règlement de l'Assemblée de 1871, sous la réserve des modifications suivantes.

Sur la proposition de M. Forcioli, il fut décidé que, pour la nomination des Commissions par scrutin de liste, le premier tour de scrutin devrait avoir lieu à la majorité absolue. En conséquence, le premier paragraphe de l'article 14 du règlement demeura rédigé comme suit :

« Lors du renvoi d'un projet de loi ou d'une proposition à l'examen des bureaux, l'Assemblée peut, sur la demande d'un de ses membres, décider que la nomination sera faite par scrutin de liste, à la majorité absolue au premier tour de scrutin, et à la majorité relative dans le cas où un second tour de scrutin serait nécessaire, soit en assemblée générale, soit dans les bureaux. »

En outre, sur la proposition de M. Rivière, les articles 55, 56 et 57, relatifs au scrutin secret, furent abrogés.

Après l'adoption du règlement[1], il fut procédé au tirage au sort des 15 bureaux entre lesquels se partageait l'Assem-

---

1. En ce qui concerne la majorité constitutionnelle requise par l'article 8 de la loi du 25 février 1875, voir la note 3 de la page 24.

blée. Puis M. le président du Conseil déposa sur le bureau un projet de loi tendant à la revision partielle des lois constitutionnelles.

Sur la proposition de M. Testelin, il fut décidé que le projet déposé par le Gouvernement serait examiné par une Commission de 30 membres nommée au scrutin de liste, en séance publique. La nomination des commissaires fut renvoyée au lendemain. Elle eut lieu le mardi 5 août, et le rapport fut déposé par M. Gerville-Réache, dans la séance du mercredi 6 août.

La discussion générale, ouverte le jeudi 7 août, fut close le lendemain. Après le rejet d'un certain nombre de contre-projets et amendements préjudiciels, l'Assemblée adopta les deux premiers articles du projet proposé par sa Commission dans la séance du 11 août. L'examen et le vote des deux derniers articles occupèrent les séances du 12 et du 13 août.

Le mercredi 13 août, l'ensemble de la loi ayant été adopté, M. le Président Le Royer prononça les paroles suivantes : « L'Assemblée nationale a épuisé son ordre du jour; je déclare close la session de l'Assemblée nationale. »

L'un des secrétaires donna lecture du procès-verbal de cette dernière séance, et l'Assemblée se sépara.

La loi constitutionnelle qui venait d'être votée fut transmise le soir même au Gouvernement. M. le Président de la République signa le lendemain le décret qui en ordonnait la promulgation, et elle fut insérée au *Journal officiel* du 15 août.

LOIS

CONSTITUTIONNELLES

Loi constitutionnelle *du 25 février* 1875, RELATIVE A L'ORGANISATION DES POUVOIRS PUBLICS.

Article premier. — Le pouvoir législatif s'exerce par deux assemblées : la Chambre des Députés et le Sénat.

La Chambre des Députés est nommée par le suffrage universel, dans les conditions déterminées par la loi électorale[1].

---

1. La loi électorale pour la nomination des Députés a été adoptée le 30 novembre 1875. Elle a été complétée par les lois du 24 décembre 1875 et du 28 juillet 1881, portant fixation des circonscriptions électorales dans les arrondissements qui ont plus de 100,000 habitants.

Le 26 mars 1884, la Chambre a été saisie par M. Constans d'une proposition de loi tendant à rétablir le scrutin de liste. Cette proposition a été prise en considération le 22 juillet 1884. Elle est actuellement soumise à l'examen d'une Commission qui a été nommée le 29 juillet 1884.

2.

La composition, le mode de nomination et les attributions du Sénat seront réglés par une loi spéciale[1].

Art. 2. — Le Président de la République est élu à la majorité absolue des suffrages par le Sénat et par la Chambre des Députés réunis en Assemblée nationale[2].

Il est nommé pour sept ans. Il est rééligible[3].

1. La composition, le mode de nomination et les attributions du Sénat avaient été réglés par la loi constitutionnelle du 24 février 1875 (voy. p. 31). Les détails de l'élection avaient été déterminés par la loi organique du 2 août 1875. Mais les deux Chambres réunies en assemblée de revision ont décidé par l'art. 3 de la loi des 13-14 août 1884 (voy. p. 65) que les art. 1 à 7 de la loi du 24 février 1875 n'auraient plus le caractère constitutionnel. En conséquence, le Gouvernement a déposé sur le bureau du Sénat, dans la séance du 16 août 1884, un projet de loi portant modification aux lois organiques sur l'organisation du Sénat et les élections des Sénateurs.

2. Voy. l'art. 7 ci-après, et l'art. 3 de la loi du 16 juillet 1875, p. 46. L'art. 3 de la loi du 22 juillet 1879 décide que la réunion des deux Chambres en Assemblée nationale a lieu à Versailles dans la salle des séances de la Chambre des Députés. Voy. note 2, p. 28.

3. En vertu de cet article, les deux Chambres se sont réunies en Assemblée nationale, le 30 janvier 1879, pour élire le Président de la République, en remplacement de

Art. 3. — Le Président de la République a l'initiative des lois, concurremment avec

M. le maréchal de Mac-Mahon, démissionnaire. La procédure suivie à cette occasion a été exposée dans le *Traité de droit parlementaire* (Suppl. de 1880, nᵒˢ 285 à 288). Nous l'analysons ici. Le 30 janvier 1879, le Sénat et la Chambre ont reçu simultanément communication du message par lequel M. le maréchal de Mac-Mahon déclarait se démettre de ses fonctions de Président de la République. Les présidents de chaque Chambre, qui s'étaient préalablement concertés, ont annoncé que l'Assemblée nationale se réunirait à quatre heures et demie, dans la salle des séances de la Chambre des Députés, pour élire un nouveau Président de la République.

A quatre heures et demie, les deux Chambres se constituèrent en Assemblée nationale, sous la présidence du Président du Sénat, assisté des secrétaires du Sénat. Quelques membres ayant demandé la parole, le président fit observer que l'Assemblée, réunie pour nommer le Président de la République, était un véritable collège électoral auquel toutes discussions sont interdites par l'art. 10 du décret réglementaire du 2 février 1852. Le scrutin eut lieu par appel nominal. M. Jules Grévy ayant obtenu 563 suffrages sur 670 suffrages exprimés, le président le proclama Président de la République; conformément au 2ᵉ § de l'art. 7 de la loi constitutionnelle du 25 février 1875, le président annonça que le Conseil des ministres, investi, par intérim, du pouvoir exécutif, transmettrait à M. Jules Grévy la décision de l'Assemblée. Après la lecture du procès-verbal, le président déclara que la séance était levée.

L'extrait authentique du procès-verbal de la séance de

les membres des deux Chambres. Il promulgue les lois lorsqu'elles ont été votées par les deux Chambres[1]; il en surveille et en assure l'exécution.

Il a le droit de faire grâce; les amnisties ne peuvent être accordées que par une loi[2].

l'Assemblée nationale a été promulgué au *Bulletin des Lois* dans la forme suivante :

« *Nomination de M. Jules Grévy à la Présidence de la République.* — (Extrait du procès-verbal de la séance de l'Assemblée nationale du 30 janvier 1879.)

« Il résulte du procès-verbal de l'Assemblée nationale que, dans sa séance du 30 janvier 1879, l'Assemblée a nommé *M. Jules Grévy* Président de la République française, en remplacement de *M. le maréchal de Mac-Mahon, duc de Magenta*, démissionnaire. — Fait à Versailles, le 30 janvier 1879. — Pour extrait conforme : *le Président,* « signé : L. MARTEL. *Les Secrétaires :* signé : L. LACAVE-LAPLAGNE, RAINNEVILLE, FOURNIER, SCHEURER-KESTNER, BERNARD. »

1. L'art. 7 de la loi du 16 juillet 1875 (voy. p. 50) détermine dans quel délai les lois doivent être promulguées.

2. Il a été établi, par les lois du 3 mars 1879 et du 11 juillet 1880, que les Chambres ont le droit, sans modifier la constitution, de décider que les grâces accordées par le Président de la République, dans certaines conditions et certains délais, auront toute la valeur, produiront tous les effets de l'amnistie. (Voy. la séance du Sénat du 28 février 1879.)

Il dispose de la force armée.

Il nomme à tous les emplois civils et militaires.

Il préside aux solennités nationales; les envoyés et les ambassadeurs des puissances étrangères sont accrédités auprès de lui.

Chacun des actes du Président de la République doit être contre-signé par un ministre.

Art. 4. — Au fur et à mesure des vacances qui se produiront à partir de la promulgation de la présente loi, le Président de la République nomme, en Conseil des ministres, les conseillers d'État en service ordinaire.

Les conseillers d'État ainsi nommés ne pourront être révoqués que par décret rendu en conseil des ministres.

Les conseillers d'État nommés en vertu de la loi du 24 mai 1872 ne pourront, jusqu'à l'expiration de leurs pouvoirs, être révoqués que dans la forme déterminée par cette loi. Après la séparation de l'Assemblée nationale, la révocation ne pourra être prononcée que par une résolution du Sénat[1].

1. *Disposition transitoire.* — Les pouvoirs des conseillers d'État nommés par l'Assemblée nationale sont

Art. 5. — Le **Président** de la **République** peut, sur l'avis conforme du Sénat, dissoudre la Chambre des Députés avant l'expiration légale de son mandat.

En ce cas, les collèges électoraux sont réunis pour de nouvelles élections dans le délai de deux mois et la Chambre dans les dix jours qui suivront la clôture des opérations électorales[1].

aujourd'hui expirés, puisque leur durée était de neuf années et que les élections avaient été faites en 1872.

1. Le 1ᵉʳ § de l'art. 5 a été ainsi modifié par l'art. 1ᵉʳ de la loi constitutionnelle des 13-14 août 1884. Primitivement il était rédigé dans les termes suivants :

« En ce cas, les collèges électoraux sont convoqués pour de nouvelles élections dans le délai de trois mois. »

La Chambre des Députés de 1876 ayant été dissoute le 25 juin 1877, le cabinet qui était alors aux affaires avait élevé la prétention de donner une satisfaction suffisante aux prescriptions de ce texte en promulguant le décret de convocation des collèges électoraux dans le délai de trois mois, mais en fixant au delà de ce délai maximum la date de la réunion des collèges.

Les électeurs ne furent convoqués que pour le 14 octobre 1877, par un décret en date du 21 septembre.

La procédure suivie par le cabinet fut considérée, par la Chambre élue le 14 octobre, comme une violation de la loi constitutionnllee. C'est pour prévenir le retour d'un pareil fait que l'Assemblée nationale a rectifié

Art. 6. — Les Ministres sont solidairement responsables devant les Chambres de la politique générale du Gouvernement, et individuellement de leurs actes personnels.

Le Président de la République n'est responsable que dans le cas de haute trahison.

Art. 7. — En cas de vacance par décès ou pour toute autre cause, les deux Chambres réunies procèdent immédiatement à l'élection d'un nouveau Président[1].

Dans l'intervalle, le Conseil des Ministres est investi du pouvoir exécutif.

Art. 8. — Les Chambres auront le droit, par délibérations séparées, prises dans chacune à la majorité absolue des voix, soit spontanément, soit sur la demande du Président de la République, de déclarer qu'il y

l'art. 5 par une rédaction qui ne laisse subsister aucune ambiguïté sur la volonté du législateur.

Pour le cas où la Présidence de la République viendrait à se trouver vacante dans un moment où la Chambre des Députés serait dissoute, voy. *infra* le 4e § de l'art. 3 de la loi constitutionnelle du 16 juillet 1875, p. 46.

1. Voy. les §§ 1 et 2 de l'art. 3 de la loi du 16 juillet 5, p. 46. Voy. aussi la note 3 de la page 18.

a lieu de reviser les lois constitutionnelles[1].

Après que chacune des deux Chambres aura pris cette résolution, elles se réuniront en Assemblée nationale pour procéder à la revision[2].

Les délibérations portant revision des lois constitutionnelles, en tout ou en partie, devront être prises à la majorité absolue des membres composant l'Assemblée nationale[3].

1. Voy. p. 57, le 2e § de l'art. 11 de la loi du 16 juillet 1875. Aux termes de l'art. 3 de la loi du 22 juillet 1879, l'Assemblée nationale siège à Versailles, dans la salle des séances de la Chambre des Députés. Voy. note 2, p. 28.

L'art. 8 a été déjà mis deux fois en mouvement. On trouvera, en tête du présent volume, un résumé de la procédure suivie pour les revisions de 1879 et de 1884.

2. La question de savoir si les résolutions prises dans chaque Chambre doivent être identiques et si elles peuvent limiter les pouvoirs de l'Assemblée nationale, a été longuement discutée en 1884. Elle a été tranchée dans le sens de l'affirmative.

3. Lors de la première revision, en 1879, la question de savoir si la majorité absolue doit être calculée d'après le nombre légal des membres composant l'Assemblée ou d'après le nombre réel, déduction faite des sièges vacants, fut examinée dans des conférences tenues successivement entre le Président du Sénat et les membres de son bureau, entre le Président du Sénat et le Président de la Chambre des Députés, enfin entre

La forme républicaine du Gouvernement

le Président et les Secrétaires du Sénat devenus, le jour de la réunion de l'Assemblée, Président et secrétaires de l'Assemblée nationale.

Au début, les membres du bureau du Sénat avaient incliné à croire, contrairement à l'opinion de M. le Président Martel, qu'il conviendrait de déduire les sièges vacants pour arriver au calcul de la majorité requise pour la validité des votes portant revision de la constitution.

M. Gambetta, alors président de la Chambre des Députés, n'avait pas partagé cet avis. Il s'était rangé à l'opinion du Président du Sénat, M. Martel.

Au jour fixé pour la réunion de l'Assemblée nationale, avant l'ouverture de la séance, M. Martel conféra de nouveau avec les secrétaires, et il fut décidé que le vote serait proclamé en prenant pour base de la majorité absolue la totalité des sièges composant le Sénat et la Chambre des Députés.

A cette époque, l'Assemblée nationale se composait de 833 membres : 300 Sénateurs et 533 Députés. La moitié plus un étant de 417, le Président proclama l'adoption de la loi du 19 juin 1879 dans les termes suivants :

« Nombre des votants...................... 775

« Majorité absolue des membres composant l'Assemblée nationale..................... 417

« Pour l'adoption.............. 526
« Contre....................... 249 »

Depuis la revision de 1879, le nombre des Députés avait été successivement porté à 535, puis à 557. Lorsque l'Assemblée nationale se réunit en 1884 pour pro-

ne peut faire l'objet d'une proposition de revision.

céder à une nouvelle revision, elle se composait de 857 membres dont la majorité absolue était de 429.

Des doutes s'élevèrent alors dans certains esprits sur le point de savoir si le précédent de 1879 devait être suivi, ou s'il ne faudrait pas inviter l'Assemblée à interpréter le troisième § de l'art. 8 et à décider que, dorénavant, les sièges vacants seraient retranchés pour le calcul de la majorité absolue.

Cette question a été longuement discutée, dans la séance de l'Assemblée du .9 août 1884, par MM. Alfred Naquet, Léon Renault, Baragnon et Lepère.

Au cours du débat, un ordre du jour, interprétant l'article 8 dans le sens que la déduction des sièges vacants doit être opérée, avait été remis aux mains du président; mais, après le discours de M. Lepère, cet ordre du jour fut retiré.

Il ne restait à M. Le Royer, président de l'Assemblée nationale, qu'à déclarer que la majorité constitutionnelle demeurait fixée d'après les règles établies lors de la première réunion de l'Assemblée nationale en 1879. En conséquence, le président rendit la déclaration suivante :

« L'ordre du jour est retiré. La majorité constitutionnelle reste donc fixée à 429. »

Un membre, M. Lecomte (du Nord), ayant demandé que la question fût soumise au vote de l'Assemblée, M. le président Le Royer confirma sa déclaration dans les termes suivants :

« M. Maxime Lecomte veut reprendre l'ordre du jour qui avait été proposé. Cet ordre du jour a été retiré; il n'a pas été repris. Il ne peut être repris. Il a reçu une

Les membres des familles ayant régné sur la France sont inéligibles à la Présidence de la République[1].

Toutefois, pendant la durée des pouvoirs con-

sanction : c'est la déclaration que la majorité reste fixée à 429. »

Dans la même séance du 9 août 1884, il a été reconnu que la majorité constitutionnelle ne pouvait être exigée ni pour les questions préjudicielles ni pour les questions de simple procédure. Comme l'indiquent nettement d'ailleurs les termes du troisième paragraphe de l'article 8 de la loi du 25 février 1875, cette majorité ne saurait être exigée que pour la validité des votes « portant revision des lois constitutionnelles en tout ou en partie ».

L'Assemblée nationale s'est prononcée sur ce point par l'adoption d'un ordre du jour ainsi conçu :

« L'Assemblée nationale, considérant que le *quorum*[*] déterminé par l'article 8 de la Constitution ne s'applique qu'aux délibérations portant revision en tout ou en partie des lois constitutionnelles, passe à l'ordre du jour. »

Par cet ordre du jour l'Assemblée écartait une demande formulée par M. Naquet et tendant à ce que la majorité constitutionnelle fût requise même pour le vote de la question préalable.

1. Ces deux paragraphes ont été ajoutés au § 3 de l'article 8 par la loi constitutionnelle des 13-14 août 1884. Voyez p. 64 l'article 2 de cette loi.

[*] Il est à remarquer qu'ici le mot *quorum* est impropre; c'est majorité qu'il aurait fallu dire.

férés par la loi du 20 novembre 1873 à M. le maréchal de Mac-Mahon, cette revision ne peut avoir lieu que sur la proposition du Président de la République[1].

Art. 9. — *Le siège du pouvoir exécutif et des deux Chambres est à Versailles*[2].

1. Cette disposition est devenue caduque par suite de l'élection de M. Jules Grévy à la Présidence de la République.

2. L'Assemblée nationale de 1871 avait d'abord siégé à Bordeaux, conformément à l'article 11 du décret du 29 janvier 1871. Le 10 mars 1871, elle avait décidé qu'elle se transporterait à Versailles, et qu'elle tiendrait sa première réunion dans cette ville le 20 mars. Le 8 septembre suivant, elle avait rendu une loi portant, dans son article 1er, que l'Assemblée nationale, le pouvoir exécutif et les Ministres continueraient à résider à Versailles. Enfin elle avait donné à ces prescriptions le caractère constitutionnel par l'article 9 ci-dessus, qui a été abrogé par les deux Chambres réunies en Assemblée nationale. Voy. p. 63 la loi constitutionnelle des 19-21 juin 1879.

La loi du 22 juillet 1879 a réglé de la manière suivante le siège des pouvoirs publics :

« Article premier. — Le siège du Pouvoir exécutif et des deux Chambres est à Paris.

« Art. 2. — Le palais du Luxembourg et le palais Bourbon sont affectés : le premier, au service du Sénat; le second, à celui de la Chambre des Députés.

« Néanmoins, chacune des deux Chambres demeure

maîtresse de désigner, dans la ville de Paris, le palais qu'elle veut occuper.

« Art. 3. — Les divers locaux du palais de Versailles actuellement occupés par le Sénat et la Chambre des Députés conservent leur affectation.

« Dans le cas où, conformément aux articles 7 et 8 de la loi du 25 février 1875 relative à l'organisation des pouvoirs publics, il y aura lieu à la réunion de l'Assemblée nationale, elle siégera à Versailles, dans la salle actuelle de la Chambre des Députés.

« Dans le cas où, conformément à l'article 9 de la loi du 24 février 1875 sur l'organisation du Sénat et à l'article 12 de la loi constitutionnelle du 16 juillet 1875 sur les rapports des pouvoirs publics, le Sénat sera appelé à se constituer en cour de justice, il désignera la ville et le local où il entend tenir ses séances.

« Art. 4. — Le Sénat et la Chambre des Députés siégeront à Paris à partir du 3 novembre prochain.

« Art. 5. — Les présidents du Sénat et de la Chambre des Députés sont chargés de veiller à la sûreté intérieure et extérieure de l'Assemblée qu'ils président.

« A cet effet, ils ont le droit de requérir la force armée et toutes les autorités dont ils jugent le concours nécessaire.

« Les réquisitions peuvent être adressées directement à tous officiers, commandants ou fonctionnaires, qui sont tenus d'y obtempérer immédiatement, sous les peines portées par les lois.

« Les Présidents du Sénat et de la Chambre des Députés peuvent déléguer leur droit de réquisition aux questeurs ou à l'un d'eux.

« Art. 6. — Toute pétition à l'une ou l'autre des Chambres ne peut être faite et présentée que par écrit.

Il est interdit d'en apporter en personne ou à la barre.

« Art. 7. — Toute infraction à l'article précédent, toute provocation, par des discours proférés publiquement ou par des écrits ou imprimés affichés ou distribués, à un rassemblement sur la voie publique ayant pour objet la discussion, la rédaction ou l'apport aux Chambres ou à l'une d'elles, de pétitions, déclarations ou adresses, que la provocation ait été ou non suivie d'effet, sera punie des peines édictées par le paragraphe 1er de l'article 5 de la loi du 7 juin 1848.

« Art. 8. — Il n'est en rien dérogé, par les présentes dispositions, à la loi du 7 juin 1848 sur les attroupements.

« Art. 9. — L'art. 463 du Code pénal est applicable aux délits prévus par la présente loi. »

Loi constitutionnelle *du 24 février* 1875, RELATIVE
A L'ORGANISATION DU SÉNAT [1].

Article premier. — Le Sénat se compose
de trois cents membres : deux cent vingt-
cinq élus par les départements et les colonies, et soixante-quinze élus par l'Assemblée
nationale.

Art. 2. — Les départements de la Seine et
du Nord éliront chacun cinq Sénateurs ;

Les départements de la Seine-Inférieure,
Pas-de-Calais, Gironde, Rhône, Finistère,
Côtes-du-Nord, chacun quatre Sénateurs ;

La Loire-Inférieure, Saône-et-Loire, Ille-
et-Vilaine, Seine-et-Oise, Isère, Puy-de-
Dôme, Somme, Bouches-du-Rhône, Aisne,

1. Les art. 1 à 7 de cette loi ont perdu le caractère
constitutionnel en vertu de l'art. 3 de la loi des 13-
14 août 1884. Voyez cet article, p. 65.

Il résulte des débats qui ont eu lieu dans les deux
Chambres et à l'Assemblée nationale de revision, que
les art. 1 à 7 restent en vigueur avec le caractère législatif, jusqu'à ce qu'ils aient été remplacés par une loi
nouvelle.

Un projet de loi portant modification aux lois organiques relatives à l'élection des Sénateurs a été déposé par
M. le Garde des sceaux sur le bureau du Sénat, dans la
séance du 16 août 1884.

Loire, Manche, Maine-et-Loire, Morbihan, Dordogne, Haute-Garonne, Charente-Inférieure, Calvados, Sarthe, Hérault, Basses-Pyrénées, Gard, Aveyron, Vendée, Orne, Oise, Vosges, Allier, chacun trois Sénateurs;

Tous les autres départements, chacun deux Sénateurs.

Le territoire de Belfort, les trois départements de l'Algérie, les quatre colonies de la Martinique, de la Guadeloupe, de la Réunion et des Indes françaises, éliront chacun un Sénateur.

Art. 3. — Nul ne peut être Sénateur s'il n'est Français, âgé de quarante ans au moins et s'il ne jouit de ses droits civils et politiques.

Art. 4. — Les Sénateurs des départements et des colonies sont élus à la majorité absolue, et, quand il y a lieu, au scrutin de liste, par un collège réuni au chef-lieu du département ou de la colonie et composé :

1° Des députés;

2° Des conseillers généraux;

3° Des conseillers d'arrondissement;

4° Des délégués élus, un par chaque conseil municipal, parmi les électeurs de la commune.

Dans l'Inde française, les membres du conseil colonial ou des conseils locaux sont substitués aux conseillers généraux, aux conseillers d'arrondissement et aux délégués des conseils municipaux.

Ils votent au chef-lieu de chaque établissement.

Art. 5. — Les Sénateurs nommés par l'Assemblée sont élus au scrutin de liste et à la majorité absolue des suffrages.

Art. 6. — Les Sénateurs des départements et des colonies sont élus pour neuf années et renouvelables par tiers, tous les trois ans.

Au début de la première session, les départements seront divisés en trois séries contenant chacune un égal nombre de Sénateurs. Il sera procédé, par la voie du tirage au sort, à la désignation des séries qui devront être renouvelées à l'expiration de la première et de la deuxième période triennale[1].

1. En exécution de l'article ci-dessus, M. Gaultier de Rumilly, doyen d'âge du Sénat, a proposé, dans la séance du 14 mars 1876, de nommer une commission chargée

Art. 7. — Les Sénateurs élus par l'Assemblée sont inamovibles. En cas de vacance par décès, démission ou autre cause, il sera, dans les deux mois, pourvu au remplacement par le Sénat lui-même.

Art. 8. — Le Sénat a, concurremment avec

de préparer le travail de classement des départements. Cette motion ayant été adoptée, la Commission fut nommée le 15 mars ; elle présenta son rapport le 23. Après avoir examiné les différents systèmes qui avaient fonctionné en France depuis l'an III, la commission donnait la préférence à la répartition des départements en trois séries suivant l'ordre alphabétique pur et simple, en plaçant dans chaque série un des départements de l'Algérie et une ou deux des colonies.

Le système proposé par la Commission a été adopté par le Sénat dans la séance du 29 mars ; le tirage au sort a eu lieu immédiatement.

Les séries sont sorties dans l'ordre suivant :

Série B (renouvelée le 5 janvier 1879).

Série C (renouvelée le 5 janvier 1882).

Série A (renouvelable le 5 janvier 1885).

La série A va de l'Ain au Gard inclusivement, en y comprenant le département d'Alger et les colonies de la Guadeloupe et de la Réunion.

La série B va de la Haute-Garonne à l'Oise, en y comprenant le département de Constantine et la colonie de la Martinique.

La série C va de l'Orne à l'Yonne, en y comprenant le département d'Oran et les Indes françaises.

la Chambre des Députés, l'initiative et la confection des lois[1]. Toutefois, les lois de finances doivent être, en premier lieu, présentées à la Chambre des Députés et votées par elle[2].

1. Voy. ci-dessus les art. 1er et 3 de la loi constitutionnelle du 24 février 1875, p. 17 et 19.

2. On trouvera dans le *Traité de droit parlementaire* (aux nos 48 et suiv.) le résumé des débats auxquels a donné lieu l'application de cette disposition.

Dans le projet de résolution tendant à la revision partielle des lois constitutionnelles et déposé sur le bureau de la Chambre le 24 mai 1884, M. Jules Ferry, président du Conseil, proposait de soumettre à revision l'art. 8 ci-dessus. Il en donnait les raisons suivantes :

« Depuis 1876, le Sénat et la Chambre sont en désaccord sur la portée de l'art. 8. Le Sénat estime que cet article n'établit, pour les lois de finances, aucune exception au principe général de l'égalité des droits entre les deux Chambres dans la confection des lois, qu'il prescrit seulement un ordre chronologique, une priorité dans la présentation et la délibération des lois de finance; que le Sénat a dès lors le droit absolu d'amender le budget, soit pour supprimer, soit pour augmenter les crédits votés par la Chambre. La Chambre croit, au contraire, qu'elle possède la plénitude des droits budgétaires, que le Sénat n'en a qu'une partie, qu'il n'a sur les finances publiques qu'un droit de contrôle et qu'il ne peut pas rétablir un crédit supprimé par la Chambre des Députés. Dans la pratique, ce désaccord, qui a failli maintes fois dégénérer en conflit, s'est toujours résolu,

Art. 9. — Le Sénat peut être consti-

à la dernière heure, grâce à l'esprit de conciliation patriotique qui anime les deux Assemblées, par des concessions mutuelles.

« Il est arrivé à la Chambre des Députés de rétablir, dans une nouvelle délibération, les crédits qu'elle avait d'abord supprimés et que le Sénat avait rétablis. Il n'est jamais arrivé que le Sénat s'obstinât à rétablir un crédit deux fois supprimé par la Chambre. Mais est-il sage de laisser subsister entre les deux Chambres cette cause de tiraillements périodiques?

« La loi du budget est de toutes les lois la seule qui ne puisse attendre, la seule qu'il soit nécessaire de voter à heure fixe. En cas de désaccord persistant, à qui appartiendra le dernier mot? Dans le perpétuel va-et-vient de l'une à l'autre Chambre, qu'adviendra-t-il du budget? La Constitution ne l'a pas dit, ou du moins ne l'a pas dit clairement. Il y a là un point essentiel à régler, et c'est précisément pour régler les difficultés de cet ordre que les constitutions sont faites.

« Une disposition plus claire, qui donnerait simplement force de loi à la jurisprudence établie par le bon esprit du Sénat, attribuant à la Chambre des Députés le dernier mot après deux délibérations quant aux crédits supprimés par elle, n'aurait nullement pour effet d'enlever au Sénat son pouvoir et son action sur les finances de l'État.

« N'a-t-il pas, lui aussi, le dernier mot en matière de crédits supprimés, et lui a-t-on jamais contesté le droit de rejeter en tout ou en partie les dépenses nouvelles ou les impôts nouveaux introduits par un vote de la Chambre? C'est par là qu'il exerce ce contrôle dont tout le

tué en cour de justice pour juger, soit le

monde apprécie la haute valeur et qui n'est jamais plus nécessaire qu'en matière de deniers d'État.

« Craint-on que la Chambre des Députés n'abuse de son « dernier mot » et que, sous la forme de réduction de crédits, elle n'abroge des institutions établies par des lois, et que des lois débattues et votées dans la forme ordinaire doivent seules pouvoir abolir ou réformer ? C'est là, en effet, une objection sérieuse ; mais il ne nous paraît pas impossible de déterminer avec quelque précision les dépenses et les traitements afférents à certains services constitués par des lois organiques et qui ne pourraient être modifiés que par l'accord des deux Chambres.

« On peut invoquer à cet égard l'exemple de l'Angleterre, où la Chambre des Communes jouit, à l'encontre de la Chambre des Lords, de la plénitude des pouvoirs financiers, et où cependant il est admis qu'un certain nombre de services publics ne peuvent être financièrement modifiés que par l'accord des Lords et des Communes. »

La Chambre des Députés avait été d'avis de soumettre à revision l'art. 8. La Commission du Sénat fut d'un avis contraire, et son rapporteur, M. Dauphin, s'est exprimé à ce sujet dans les termes suivants :

« L'exposé des motifs du projet de résolution déposé par M. le Président du Conseil des Ministres et M. le Garde des Sceaux indique qu'il y aurait peut-être lieu de transformer en une règle la jurisprudence que les deux Chambres paraissent accepter, à savoir que chacune d'elles a le dernier mot sur les augmentations de crédits proposées par l'autre et qu'elles reconnaissent l'obligation de se mettre d'accord pour abroger, par voie

Président de la République, soit les mi-

de suppression de crédits, les services publics organisés par des lois ou des décrets ayant force de loi.

« Votre Commission, à une grande majorité, est d'avis que cette division des crédits en deux catégories soumises à des régimes différents est la saine appréciation de l'article 8 de la loi du 24 février 1875, et concilie les droits législatifs avec les prérogatives financières de chacune des deux Chambres, et elle a écouté favorablement une proposition d'un de ses membres, l'honorable M. Faye, qui a formulé, sous réserve de modifications, en un texte précis, le système indiqué par le Gouvernement.

« Mais, malgré son désir de s'associer au projet de résolution qui lui était soumis, la majorité de la Commission n'a pu se déterminer à saisir l'Assemblée nationale d'une organisation d'attributions financières qui ne lui a point paru suffisamment élaborée.

« La revision d'un article d'une loi constitutionnelle ne peut être abordée avec confiance que quand le Gouvernement et les deux Chambres sentent, par les déclarations de l'un, par les rapports des Commissions ou l'esprit des votes préliminaires des autres, qu'il y aura accord facile sur les solutions.

« Dans la circonstance présente, rien n'est défini ni même pressenti. La forme dans laquelle l'exposé des motifs indique ses idées est plus interrogative qu'affirmative; le rapport de la Commission de la Chambre des Députés est muet.

« Aucun vote ni aucune discussion de la Chambre ne donne l'idée de ses intentions et, au moment de livrer ce problème délicat à une Assemblée nationale, il est

nistres , et pour connaître des atten-

impossible d'apercevoir le nombre ni la nature des propositions qui s'y produiront, ni le terme d'une délibération longue et peut-être stérile.

« Dans cet état, la majorité de votre Commission s'est
résolue à vous proposer de ne pas déclarer qu'il y avait
lieu à reviser l'article 8 de la loi constitutionnelle du
24 février 1875.

« Elle espère que, soit par des règlements intérieurs,
soit par la mise en pratique des conférences entre Commissions des deux Chambres prévues par leurs Règlements actuels, la règle sera établie d'écarter, au profit
définitif des contribuables, les crédits ou augmentations
de crédits que l'une des deux Chambres aurait refusés
par deux délibérations, et que, quant aux services publics organisés par des lois, l'accord pourra aussi être
fait sur les deux questions, seules délicates, de savoir si
le crédit contesté correspond réellement à une loi de
service public, ou si la diminution proposée est, par ses
proportions, de nature à rendre impossible le fonctionnement de ce service. »

Conformément aux conclusions de sa Commission, le
Sénat ne fit pas figurer dans sa résolution l'article 8 de
la loi du 24 février 1875. Saisie par le gouvernement
d'un nouveau projet de résolution dans lequel l'article 8
ne figurait pas non plus, la Chambre l'adopta sans amendement.

Dès lors, l'article 8 se trouvait exclu des deux résolutions par lesquelles les Chambres avaient déclaré qu'il
y avait lieu de reviser les lois constitutionnelles. En conséquence, un amendement de M. Floquet tendant à interpréter cet article a été repoussé par la question préa-

lats commis contre la sûreté de l'État[1].

Art. 10. — *Il sera procédé à l'élection du Sénat un mois avant l'époque fixée par l'Assemblée nationale pour sa séparation. Le Sénat entrera en fonctions et se constituera le jour même où l'Assemblée nationale se séparera*[2].

Art. 11. — *La présente loi ne pourra être promulguée qu'après le vote définitif de la loi sur les pouvoirs publics*[3].

lable dans la séance de l'Assemblée nationale du 13 août 1884.

1. Voy. les art. 4 et 12 de la loi du 16 juillet 1875, p. 47 et 58.

Lorsque le Sénat se constitue en cour de justice, il désigne la ville et le local où il entend tenir ses séances; voy. la loi du 22 juillet 1879, page 29, note.

2. Disposition transitoire.

3. Elle a été promulguée au *Journal officiel* du 28 février 1875, le même jour que la loi sur l'organisation des pouvoirs publics.

Loi constitutionnelle *du* 16 *juillet* 1875 SUR LES RAPPORTS DES POUVOIRS PUBLICS.

Article premier. — Le Sénat et la Chambre des Députés se réunissent chaque année, le second mardi de janvier, à moins d'une convocation antérieure faite par le président de la République[1].

Les deux Chambres doivent être réunies en session cinq mois au moins chaque année[2]. La session de l'une commence et finit en même temps que celle de l'autre.

1. La réunion a lieu de plein droit, sans décret de convocation. Ce sont les présidents de chacune des deux Chambres qui font adresser aux Sénateurs et aux Députés les lettres de convocation nécessaires.

A la page 4 du rapport fait à l'Assemblée nationale, M. Laboulaye s'est exprimé ainsi : « La Commission a consenti à reconnaître au Président de la République le droit de convoquer, de proroger et même d'ajourner les Chambres. » Voy. *infra,* le 2ᵉ § de l'art. 2 ci-après.

2. La session qui commence le second mardi de janvier est la session régulière et normale que l'on appelle la session *ordinaire;* par conséquent, elle ne pourrait être complétée par une session *extraordinaire.* Bien que l'épithète « ordinaire » ne figure pas dans le deuxième paragraphe de l'article premier de la loi du 16 juillet 1875, il suffit de rapprocher ce paragraphe du précédent pour être convaincu que le législateur a voulu faire de la session obligatoire ouverte le second mardi de

Le dimanche qui suivra la rentrée, des prières publiques seront adressées à Dieu dans les églises et dans les temples pour appeler son secours sur les travaux des Assemblées[1].

Art. 2. — Le Président de la République prononce la clôture de la session. Il a le droit de convoquer extraordinairement les Chambres. Il devra les convoquer si la demande en est faite, dans l'intervalle des sessions[2], par la majorité absolue des membres composant chaque Chambre.

janvier, une session durant au moins cinq mois. D'ailleurs, l'exposé des motifs du projet de loi déposé par M. le garde des sceaux Dufaure, le 18 mai 1875, dit formellement : « Une session *ordinaire* de cinq mois a toujours paru suffisante pour donner aux représentants du pays le temps d'apprécier sa situation politique et d'apporter à sa législation les améliorations qu'elle réclame. » Dans le rapport déposé le 7 juin 1875, M. Laboulaye dit de même : « Le projet décide que, chaque année, la session *ordinaire* sera de cinq mois, et qu'à l'expiration de ce terme légal, le Président aura le droit de faire la clôture de la session. »

1. Abrogé par l'article 4 de la loi des 13-14 août 1884, voy. p. 65.

2. Les mots « dans l'intervalle des sessions » ont été introduits dans l'article 2, lors de la troisième délibération, sur la proposition de M. Antonin Lefèvre-Pontalis, afin d'indiquer nettement que, pendant la durée des

Le Président peut ajourner les Chambres[1].

ajournements, les convocations extraordinaires ne peuvent avoir lieu. M. Dufaure, garde des sceaux, a donné à ce sujet les explications suivantes : « L'article 2 est composé de deux paragraphes. D'après le premier paragraphe, le Président de la République prononce la clôture de la session, et puis, dans l'intervalle des sessions ordinaires, le Président et les Chambres ont chacun un droit : le Président, de convoquer extraordinairement les Chambres, et les Chambres, de leur côté, d'obliger le Président à les convoquer sur la demande qui en est faite par la majorité de leurs membres.

« Le paragraphe 2 prévoit encore une autre chose : c'est le droit du Président d'ajourner les Chambres. L'ajournement ne peut être que d'un mois ; il peut être renouvelé par deux fois dans le cours de la session. Les ajournements sont compris dans la session; elle dure, malgré les ajournements, pendant les cinq mois que lui assigne l'art. 1er. C'est la session ordinaire, et elle continue à durer pendant l'ajournement. Ce n'est pas pendant le cours de la session ordinaire que l'on peut convoquer les Chambres en session extraordinaire. L'article dit donc très clairement que, pendant la durée de la session, c'est-à-dire pendant les ajournements comme pendant le temps où les Chambres délibèrent, il n'y a pas de convocation extraordinaire, ni par la volonté du Président, ni sur la demande des deux Chambres. Par conséquent, c'est en dehors des sessions, après la clôture des sessions, en dehors des ajournements, qu'ont lieu les convocations extraordinaires. » (Séance du 16 juillet 1875, *Journal officiel* du 17, p. 5445, 1re col.

1. Dans la séance de la Commission des lois constitu-

Toutefois, l'ajournement ne peut excéder le

tionnelles tenue le 29 mai 1875, M. de Lavergne, président de la Commission, ayant demandé si les Chambres pourraient se proroger elles-mêmes, le vice-président du Conseil a répondu que non ; mais il a ajouté qu'il ne fallait pas confondre les prorogations avec les suspensions de séances qui dépendent évidemment des Chambres elles-mêmes. Le Garde des Sceaux a fait également observer que chaque Chambre peut toujours prendre tel ou tel congé, comme cela lui convient.

Il est d'usage, lorsque les Chambres veulent suspendre leurs séances, que le point de départ et le terme de la prorogation soient déterminés dans une conférence entre le Président du Sénat et le Président de la Chambre des Députés. Cet usage n'enlève pas à celle des deux Chambres qui le jugerait convenable la liberté d'abréger ou d'étendre la durée de ses propres séances. Quand il s'agit d'un ajournement, chaque Chambre est absolument maîtresse de le fixer au jour qui lui convient. Le Président doit seulement, à titre d'élément de décision, faire connaître à la Chambre la date adoptée par l'autre Chambre. Voy. les séances de la Chambre des Députés des 8 juin 1878, 5 avril 1879 et 22 mars 1880.

Le 18 mars 1877, M. le Maréchal de Mac-Mahon, Président de la République, a usé du droit d'ajourner les Chambres. Les décrets d'ajournement peuvent être précédés d'un message porté aux Chambres par l'un des ministres. Après la lecture du décret d'ajournement, il ne doit plus y avoir ni discussion ni délibération ; la parole ne saurait même être accordée pour un fait personnel. Le Président seul a la parole pour régler l'ordre du jour de la séance de rentrée ; s'il a été saisi d'une

terme d'un mois, ni avoir lieu plus de deux
fois dans la même session[1].

demande d'interpellation, il le déclare sans en énoncer
l'objet et prévient la Chambre que cette demande lui
sera communiquée à sa plus prochaine séance. Lorsque
le décret d'ajournement a été précédé d'un message, des
projets de réponse au message peuvent être déposés le
jour de la rentrée. Voy. les séances du Sénat et de la
Chambre du 18 mai 1877.

1. Les ajournements résolus par les Chambres comp-
tent dans la durée de la session ordinaire; au contraire,
les ajournements prononcés par le Président de la République doivent être défalqués du temps pendant lequel
la session est censée durer. Dans la séance de la Commission des lois constitutionnelles du 29 mai 1875, le
Garde des Sceaux, interrogé par M. Andrien Léon sur
la question de savoir si les ajournements seraient à dé-
falquer des cinq mois de session, a répondu que les
ajournements ne diminueraient pas la durée normale
des sessions fixée par l'art. 1er de la loi à un minimum
de cinq mois.

Il faut, pour que le minimum des cinq mois exigés
par la constitution soit atteint, que les Chambres aient
été pendant cinq mois, sans interruption, à partir du
second mardi de janvier, libres de se réunir et de délibérer; cette doctrine a été appliquée en 1877. Les
Chambres ayant été ajournées par décret du Président
de la République du 18 mai au 16 juin 1877, et la
Chambre des Députés ayant été dissoute le 25 juin, les
cinq mois qui avaient commencé à courir le mardi 9 janvier n'étaient pas encore complets à la date du 25 juin;
en conséquence, la session n'a pas été close, et, par une

Art. 3. — Un mois au moins avant le terme légal des pouvoirs du Président de la République, les Chambres devront être réunies en Assemblée nationale pour procéder à l'élection du nouveau Président.

A défaut de convocation, cette réunion aurait lieu de plein droit le quinzième jour avant l'expiration de ces pouvoirs.

En cas de décès ou de démission du Président de la République, les deux Chambres se réunissent immédiatement et de plein droit[1].

Dans le cas où, par application de l'art. 5 de la loi du 25 février 1875[2], la Chambre des Députés se trouverait dissoute au moment où la Présidence de la République deviendrait vacante, les collèges électoraux seraient aussitôt convoqués, et le Sénat se réunirait de plein droit[3].

fiction légale, le Sénat est resté en session pendant toute la durée de l'absence de la Chambre des Députés, bien qu'il fût empêché de se réunir.

1. Voy. l'art. 7 de la loi du 25 février 1875, p. 23.

2. Voy. p. 22.

3. Le rapporteur de l'Assemblée nationale a expliqué que, dans ce cas, le Sénat n'a qu'un pouvoir d'intérim et ne peut faire aucun acte de législateur.

Art. 4. — Toute assemblée de l'une des deux Chambres qui serait tenue hors du temps de la session commune est illicite et nulle de plein droit[1], sauf le cas prévu par l'article précédent et celui où le Sénat est réuni comme cour de justice[2]; et, dans ce dernier cas, il ne peut exercer que des fonctions judiciaires.

Art. 5. — Les séances du Sénat et celles de la Chambre des Députés sont publiques.

Néanmoins, chaque Chambre peut se former en comité secret, sur la demande d'un certain nombre de ses membres, fixé par le règlement[3].

Elle décide ensuite, à la majorité absolue,

---

1. Voy. ci-dessus le 2ᵉ § de l'art. 1ᵉʳ, p. 41.

2. Voy. l'art. 9 de la loi du 24 février 1875 (p. 36) et l'article 12 de la présente loi, p. 58.

3. Au Sénat, les demandes de comité secret doivent être signées de cinq membres; à la Chambre, elles doivent être signées de vingt membres. La décision sur les demandes de comité secret est prise sans débat dans les deux Chambres. Au Sénat, elle est prise par *assis et levé;* en conséquence, le scrutin public ne peut être demandé sur cette matière au Sénat, tandis qu'il peut l'être à la Chambre. (R. S. art. 45 et 51, R. C. D. art. 110.)

si la séance doit être reprise en public sur le même sujet.

Art. 6. — *Le Président de la République communique avec les Chambres par des messages qui sont lus à la tribune par un Ministre* [1].

Les ministres ont leur entrée dans les deux Chambres et doivent être entendus quand ils le demandent [2]. Ils peuvent se faire as-

1. Les messages doivent être contre-signés par un ministre, car le contre-seing est obligatoire pour tous les actes du Président de la République. Voy. *suprà*, l'art. 3 de la loi constitutionnelle du 25 février 1875, p. 21.

Les messages adressés aux Chambres par le Président de la République ne sauraient être examinés ni censurés par elles, mais ils peuvent être l'objet d'une réponse délibérée par l'une ou l'autre Chambre. Voy. les précédents relatifs à cette question, dans le *Traité de droit parlementaire*, n° 311.

2. En conséquence, l'art. 36 du règlement du Sénat et l'art. 103 du règlement de la Chambre des Députés ont décidé que les Ministres seraient dispensés des tours d'inscription et devraient obtenir la parole quand ils la réclameraient. Il résulte de ces textes qu'un ministre peut assister aux comités secrets d'une Chambre dont il ne fait point partie; qu'il peut demander et obtenir la parole, soit quand un orateur est à la tribune, soit sur un amendement soumis à la prise en considération, soit après la clôture prononcée. La parole demandée

sister par des commissaires désignés, pour la discussion d'un projet de loi déterminé, par décret du Président de la République[1].

par un ministre fait naturellement obstacle au vote de la clôture. On trouvera les débats qui ont servi à établir ces divers précédents dans les comptes rendus des séances de la Chambre des Députés en date des 26 janvier 1838, 14 janvier 1820, 11 août 1876 et 30 juillet 1851. On peut consulter également avec intérêt la discussion qui s'est élevée dans la séance de la Chambre des Députés du 19 février 1834 (*Traité de droit parlementaire*, n° 322) entre M. Dupin, président de la Chambre, et M. Thiers, ministre du commerce, au sujet du droit du président d'inviter les ministres à choisir, pour parler, un moment qui soit à la convenance des opérations de la Chambre.

La jurisprudence a étendu aux sous-secrétaires d'État des divers départements ministériels les droits d'entrée et de parole qui sont attribués aux ministres.

1. Voy. le 2ᵉ § de l'art. 8 de la loi du 24 mai 1872.

Il résulte de ce texte que, soit des conseillers d'État, soit des directeurs généraux de ministère, soit tous autres fonctionnaires, peuvent être désignés par décret pour soutenir devant les Chambres la discussion des projets du Gouvernement. Il est de règle que les décrets du Président de la République portant désignation des commissaires du Gouvernement soient adressés, suivant le cas, au Président du Sénat ou de la Chambre qui en donne communication à l'Assemblée en séance publique.

L'article ci-dessus n'a pas été interprété dans un sens restrictif, et il a été admis que, malgré les mots : « pour

Art. 7. — Le Président de la République promulgue les lois [1] dans le mois qui suit la transmission au Gouvernement de la loi définitivement adoptée. Il doit promulguer dans les trois jours les lois dont la promulgation, par un vote exprès dans l'une et l'autre Chambre, aura été déclarée urgente [2].

la discussion *d'un projet de loi déterminé* », des Commissaires du Gouvernement peuvent être désignés pour la discussion *d'interpellations* et même pour *toute discussion* concernant une question déterminée. Voy. le décret dont la Chambre a reçu communication dans sa séance du 20 avril 1880, et qui nommait le gouverneur général civil de l'Algérie « commissaire du gouvernement à la Chambre des Députés pour assister le ministre de l'intérieur dans toute discussion ou interpellation relative aux affaires d'Algérie ».

Les ministres peuvent également être assistés de sous-secrétaires d'État nommés par décret du Président de la République. L'institution des sous-secrétaires d'État a été créée par une ordonnance du 9 mai 1816.

1. Voy. *suprà* le 1er § de l'art. 3 de la loi du 25 février 1875, p. 20.

2. En conséquence, l'art. 96 du règlement du Sénat et l'art. 77 du règlement de la Chambre ont décidé qu'après le vote d'une loi, un membre pourrait demander que l'Assemblée soit consultée sur le point de savoir si la loi votée sera promulguée d'urgence dans les trois jours. Il faut, bien entendu, que cette résolution soit prise dans chacune des deux Chambres pour qu'elle im-

Dans le délai fixé pour la promulgation, le Président de la République peut, par un message motivé, demander aux deux Chambres une nouvelle délibération qui ne peut être refusée [1].

pose au Président de la République l'obligation de promulguer dans les trois jours.

Cette déclaration d'urgence est absolument distincte de celle par laquelle une Chambre abrège les formalités établies par son règlement pour l'examen et le vote des lois. Le délai d'un mois subsiste pour la promulgation des lois qui ont été votées dans les deux Chambres après la déclaration d'urgence ordinaire.

1. Dans ce cas, et aux termes des art. 76 du règlement du Sénat et 33 du règlement de la Chambre, le message motivé est imprimé et distribué. La Chambre, saisie du message, se réunit dans ses bureaux et nomme une commission sur le rapport de laquelle il est procédé à la nouvelle délibération.

Le message du Président de la République doit-il être adressé simultanément aux deux Chambres ? La loi ne s'explique pas sur ce point ; cependant il paraît bien difficile que, même dans ce cas tout à fait exceptionnel d'un recours en appel exercé par le Président de la République, les deux Chambres puissent délibérer simultanément sur un même projet de loi. Il en résulterait au moins des difficultés de procédure pour arriver à l'adoption d'un texte commun. Il semble donc que le Président de la République pourrait suivre, en cette matière, les règles observées pour la présentation des projets de loi et adresser d'abord son message à une seule des

Art. 8. — Le Président de la République négocie et ratifie les traités. Il en donne connaissance aux Chambres aussitôt que l'intérêt et la sûreté de l'État le permettent.

Les traités de paix, de commerce, les traités qui engagent les finances de l'État, ceux qui sont relatifs à l'état des personnes et au droit de propriété des Français à l'étranger, ne sont définitifs qu'après avoir été votés par les deux Chambres [1]. Nulle cession, nul échange, nulle adjonction de

deux Chambres. Il va de soi que si la Chambre, saisie la première, terminait sa délibération nouvelle en amendant le projet à l'égard duquel le Président de la République aurait interjeté appel, celui-ci serait tenu de suivre la même procédure avec l'autre Chambre et de lui adresser également un message motivé.

1. Le droit d'approbation réservé au Parlement ne lui confère pas le droit de tracer à l'avance au Gouvernement les bases d'après lesquelles il devra *négocier*. Pour *négocier*, le Gouvernement est absolument libre de son action. Seulement il ne peut donner une *ratification* valable qu'après y avoir été autorisé par les représentants du pays. Un amendement qui tendrait à limiter le droit de négociation du Gouvernement serait inconstitutionnel. Voy. les séances de la Chambre des Députés du 23 février 1880, du 4 juin 1880, la séance du Sénat du 15 juin 1880, et l'analyse des débats rela-

territoire ne peut avoir lieu qu'en vertu d'une loi.

Art. 9. — Le Président de la République ne peut déclarer la guerre sans l'assentiment préalable des deux Chambres [1].

tifs à cette question dans le *Traité de droit parlementaire,* Suppl. de 1880, n° 71.

Il est à remarquer que le législateur de 1875 n'a pas placé les traités d'alliance au nombre de ceux qui doivent être votés par les deux Chambres; malgré son silence, il est certain que la plupart des traités d'alliance ne pourraient devenir définitifs sans un vote du Parlement, car ces traités *engagent* presque toujours *les finances de l'État.*

Le traité conclu à Berlin, le 13 juillet 1878, entre la France, l'Allemagne, l'Autriche-Hongrie, la Grande-Bretagne, l'Italie, la Russie et la Turquie, pour régler les questions soulevées en Orient par les événements de la dernière guerre, n'a pas été considéré comme un traité de *paix* qui dût être soumis au vote des Chambres ; il a été ratifié par le Président de la République, pendant la prorogation du Parlement et promulgué au *Journal officiel* du 6 septembre 1878.

1. A la page 9 du rapport soumis à l'Assemblée nationale, M. Laboulaye a défini de la manière suivante la portée de cet article : « Sans doute le Chef de l'État qui, suivant l'article 3 de la loi constitutionnelle du 25 février 1875 (p. 21) dispose de la force armée, a le droit et le devoir de prendre toutes les mesures exigées par les circonstances pour ne pas laisser surprendre la France par une invasion. Ce droit est plus nécessaire

Art. 10. — Chacune des Chambres est juge de l'éligibilité de ses membres et de la régularité de leur élection [1] ; elle peut seule recevoir leur démission.

aujourd'hui que jamais. Nous ne voulons pas affaiblir une prérogative qui protège l'indépendance et l'existence même du pays. Ce que nous demandons, c'est que la France reste maîtresse de ses destinées ; c'est qu'on ne puisse ni entreprendre ni déclarer la guerre sans son aveu. »

1. Il est à remarquer que ce mot « éligibilité » ne figurait pas dans les lois antérieures. Par suite, on peut se demander si le texte ci-dessus confère à une Chambre le droit de déclarer éligible et d'admettre un citoyen frappé de condamnations entraînant la perte des droits politiques ; cette question a été longuement débattue dans la séance de la Chambre des Députés du 3 juin 1879.

Rien ne peut dessaisir une Chambre du droit de vérifier une élection faite. Lorsqu'un Sénateur ou un Député vient à décéder avant la vérification de ses pouvoirs, le bureau présente un rapport sur la régularité des opérations électorales, et la Chambre valide ou invalide ces opérations, sans qu'il y ait lieu, en cas de validation, de statuer sur l'admission de l'élu. Aux termes de l'article 151 du règlement de la Chambre des Députés, la démission donnée par un Député avant la vérification de ses pouvoirs ne dessaisit pas la Chambre du droit de procéder à cette vérification. Par conséquent, un Député dont l'élection n'est pas validée par le bureau compétent peut *déposer* sa démission sur le bureau de la Chambre ; mais la Chambre, appliquant l'article 10 ci-dessus, peut

Art. 11. — Le bureau de chacune des deux Chambres est élu chaque année pour

déclarer qu'*elle ne l'accepte pas*, et la vérification du dossier de l'élection se poursuit. (Voy. les séances de la Chambre du 3 décembre 1877 et du 20 juin 1881.) Le règlement du Sénat ne prévoit pas le cas d'une démission donnée avant la vérification des pouvoirs. Mais le texte de la loi constitutionnelle et les précédents des assemblées antérieures établissent suffisamment que la démission donnée par un Sénateur avant son admission ne saurait arrêter la vérification de ses pouvoirs.

Les protestations des électeurs servent de base à l'examen des dossiers d'élections. La juridiction de chacune des deux Chambres étant souveraine en matière de vérification de pouvoirs, la loi n'a tracé aucune procédure qui limite le droit de protester contre l'élection d'un Sénateur ou d'un Député. Tous les citoyens ont la faculté, individuellement *ou* collectivement, de signaler à la Chambre compétente *les faits qui leur paraissent de nature à vicier les opérations électorales. La formalité* du timbre n'est pas exigée (L. 13 brumaire an VII, art. 6). Les protestations peuvent même être *imprimées ;* toutefois, il faut que l'exemplaire adressé officiellement à la Chambre soit *signé* par l'auteur ou les auteurs de la protestation. Les bureaux de la Chambre ne s'arrêtent pas aux protestations non signées. La légalisation des signatures n'est pas indispensable pour que le bureau chargé de vérifier l'élection prenne la protestation en considération ; néanmoins, le bureau et la Chambre ont coutume d'attacher plus d'importance aux déclarations dont les signatures ont un caractère authentique; mais un maire n'a pas le droit de refuser de léga-

la durée de la session et pour toute session extraordinaire qui aurait lieu avant la session ordinaire de l'année suivante [1].

liser les protestations électorales dont les signatures lui sont connues.

La procédure relative à la vérification des pouvoirs est tracée par les articles 2, 8, 9 et 10 du règlement du Sénat et par les articles 4, 5 et 6 du règlement de la Chambre. Les précédents relatifs à cette procédure ont été réunis dans le *Traité de droit parlementaire*, n°s 708 à 778.

Dans son rapport sur le projet de loi relatif à l'élection des Sénateurs, **M. Christophle** a prévu le cas où la validation d'une élection sénatoriale serait subordonnée au jugement d'instances encore pendantes devant le Conseil d'État au sujet de l'élection des délégués : « Si l'élection est contestée et si le sort de la validation dépend, à cause de la faible majorité obtenue, de la solution des contestations relatives à l'élection des délégués, la marche à suivre est naturellement indiquée. Le Sénat prononcera un sursis jusqu'à ce qu'il ait été statué en dernier ressort par la juridiction compétente. »

1. Dans les deux Chambres, la première séance de chaque session ordinaire est présidée par le doyen d'âge assisté des six plus jeunes membres présents, lesquels font fonctions de secrétaires provisoires. Pour la formation des bureaux provisoires et définitifs, voy. le règlement du Sénat, art. 1er, 4 à 7, et le règlement de la Chambre, art. 1er, 2, 3, 7 à 11. Voy. aussi pour les précédents en cette matière le *Traité de droit parlementaire*, n°s 791 à 840.

Lorsque les deux Chambres se réunissent en Assemblée nationale [1], leur bureau se compose des président, vice-présidents et secrétaires du Sénat [2].

1. Voy. les articles 2 et 8 de la loi du 25 février 1875, pages 18 et 23.

2. En 1879, lors de la revision de l'art. 9 de la loi constitutionnelle du 25 février 1875, la question s'est élevée de savoir si la désignation ainsi faite d'avance des membres qui doivent composer le bureau de l'Assemblée nationale autorise les président, vice-présidents et secrétaires du Sénat à se constituer en bureau de l'Assemblée nationale avant la réunion de cette Assemblée, dans l'intervalle qui s'écoule entre le moment où la revision est devenue inévitable par suite de la résolution identique prise dans chaque Chambre et le moment où les deux Chambres s'assemblent effectivement dans la salle du congrès. Un long débat a eu lieu à ce sujet entre les membres du bureau du Sénat, présidés par M. Martel, et les membres du bureau de la Chambre présidés par M. Gambetta. On en trouvera le résumé aux pages 16 et suivantes du *Traité de droit parlementaire.* (Suppl. de 1880.) La nature de la réunion, qui était plutôt officieuse qu'officielle, n'a pas permis d'arriver à un vote précis; mais il a paru admis par la majorité des membres présents que si le président du Sénat a le droit de prendre des mesures préparatoires en vue des travaux de l'Assemblée nationale, le bureau du Sénat ne pourrait pas se réunir officiellement et prendre des délibérations. Toutefois, le président est libre de consulter officieusement, et pour ainsi dire dans la coulisse, les

Art. 12. — Le Président de la République ne peut être **mis** en accusation que par la Chambre des Députés et ne peut être **jugé** que par le Sénat.

Les ministres peuvent être mis en accusation par la Chambre des Députés pour crimes commis dans l'exercice de leurs fonctions. En ce cas, ils sont jugés par le Sénat.

Le Sénat peut être constitué en cour de justice par un décret du Président de la République, rendu en Conseil des ministres, pour juger toute personne prévenue d'attentat commis contre la sûreté de l'État.

Si l'instruction est commencée par la justice ordinaire, le décret de convocation du

membres de son bureau; mais ce qui est certain, c'est qu'il n'y a de bureau de l'Assemblée nationale réellement constitué et investi des pouvoirs d'un bureau que lorsque les deux Chambres sont réunies en Assemblée nationale.

Il convient d'ailleurs de remarquer que le bureau constitué en vertu du 2e § de l'art. 11 ci-dessus est uniquement chargé de conduire les débats et d'apprécier les votes de l'Assemblée. Il est organisé en vue de la direction des séances. Ce n'est pas un bureau complet, puisque les questeurs du Sénat n'en font pas partie.

Sénat peut être rendu jusqu'à l'arrêt de renvoi [1].

Une loi déterminera le mode de procéder pour l'accusation, l'instruction et le jugement [2].

1. Il résulte de ces textes que le Sénat constitué en cour de justice est *nécessairement* compétent pour juger le Président de la République et les ministres mis en accusation par la Chambre des Députés, qu'il *peut* devenir compétent pour juger *toute* personne prévenue d'attentat contre la sûreté de l'État. L'article 12 de la loi du 16 juillet 1875 contient une disposition qui ne se trouvait pas dans les anciennes Chartes, à savoir que le Sénat *peut être constitué en Cour de justice par un décret* pour juger toute personne prévenue d'attentat contre la sûreté de l'État. Dès lors, il semble que le décret puisse déterminer la *compétence*, et il y a lieu de se demander si le Sénat, ainsi convoqué, devrait déclarer lui-même sa compétence. L'article 53 de la Charte se bornait à dire : « La Chambre des Pairs *connaît* des crimes de haute trahison..., etc. » Sous l'empire de cette disposition, la Cour des Pairs, convoquée par ordonnance royale, décida qu'elle devait spécialement déclarer sa compétence, et, en second lieu, motiver sa déclaration. Voy. l'arrêt de compétence du 21 février 1821.

2. Voy. l'art. 9 de la loi du 24 février 1875, p. 36, et l'art. 3 de la loi du 22 juillet 1879, p. 29 note.

La loi de procédure prévue par l'article ci-dessus n'a pas encore été rendue. Les précédents de l'ancienne Cour des Pairs ont été recueillis par M. Cauchy (Paris,

Art. 13. — Aucun membre de l'une ou de l'autre Chambre ne peut être poursuivi ou recherché à l'occasion des opinions ou votes émis par lui dans l'exercice de ses fonctions [1].

Art. 14. — Aucun membre de l'une ou de l'autre Chambre ne peut, pendant la durée de la session, être poursuivi ou arrêté en matière criminelle ou correctionnelle qu'avec l'autorisation de la Chambre dont il fait partie, sauf le cas de flagrant délit [2].

Imprimerie royale, 1839); on en trouvera l'analyse aux n°s 394 et suivants du *Traité de droit parlementaire*. Voy. aussi dans le Supplément au Traité pour 1880 les n°s 390 et suivants.

1. Cette disposition se complète par celle des deux premiers §§ de l'art. 41 de la loi sur la presse du 29 juillet 1881. En voici le texte :

« Ne donneront ouverture à aucune action les discours tenus dans le sein de l'une des deux Chambres ainsi que les rapports ou toutes autres pièces imprimées par ordre de l'une des deux Chambres.

« Ne donnera lieu à aucune action le compte rendu des séances publiques des deux Chambres, fait de bonne foi dans les journaux. »

2. L'inviolabilité couvre les Sénateurs et les Députés du jour où ils ont été proclamés. Pour les poursuivre pendant la durée de la session, *même avant qu'ils aient*

La détention ou la poursuite d'un membre de l'une ou de l'autre Chambre est suspen-

été admis, il faut une autorisation de la Chambre à laquelle ils appartiennent. Toutefois un arrêt de la Cour de cassation en date du 10 avril 1847 a établi une distinction à l'égard des Députés dont l'admission est *ajournée* par la Chambre. D'après la doctrine de la Cour suprême, la garantie constitutionnelle n'appartient pas à celui dont l'admission est ajournée, et qui, à compter de ce moment, ne peut plus remplir toutes les fonctions du Député.

Un Sénateur ou un Député ne saurait renoncer au privilège qui le couvre, car les lois qui ont établi les immunités parlementaires n'ont pas été faites dans un intérêt privé; elles sont d'ordre public.

La procédure relative aux demandes en autorisation de poursuite est résumée dans le *Traité de droit parlementaire*, n⁰ˢ 131 et suivants.

L'inviolabilité parlementaire n'interdit pas de citer un Sénateur ou un Député comme témoin, pour déposer dans une affaire criminelle ou correctionnelle; cependant un Sénateur ou un Député, cité comme témoin au cours d'une session, peut s'abstenir de comparaître en excipant de sa qualité. Il est évident que si les Sénateurs et les Députés peuvent être appelés comme témoins à donner des renseignements sur des faits entièrement étrangers à l'exercice de leurs fonctions et dont ils ont acquis la connaissance comme simples particuliers, aucune contrainte ne doit être exercée ou requise contre eux pour les obliger à déposer pendant la durée des sessions; le ministère public ne peut requérir à leur égard, sans

due, pendant la session, et pour toute sa durée, si la Chambre le requiert [1].

l'autorisation de la Chambre à laquelle ils appartiennent, le moyen de contrainte que la loi lui donne à l'égard des autres citoyens. Il convient en outre de remarquer que les privilèges parlementaires seraient enfreints si le ministère public faisait assigner un Sénateur ou un Député à l'effet de donner des renseignements sur des faits délictueux que ce Sénateur ou ce Député aurait signalés à la tribune. Voy. sur cette question le rapport déposé sur le bureau de la Chambre des Députés, le 16 novembre 1830, par M. de Vatimesnil, et le débat qui a eu lieu le 19 novembre suivant.

La jurisprudence n'admet pas que l'inviolabilité parlementaire s'étende au cas où un Député est cité devant la juridiction correctionnelle comme civilement responsable d'un fait imputable à un tiers.

1. Les résolutions de cette nature peuvent être soumises à la procédure tracée pour l'examen et le vote des propositions de loi. Elles peuvent aussi être adoptées séance tenante.

Il résulte de ce texte que la détention *préventive* d'un citoyen élu postérieurement à son arrestation, ou arrêté dans l'intervalle des sessions, ne cesse pas de plein droit dès que la Chambre est réunie; il faut que la Chambre réclame la suspension des poursuites commencées.

Loi constitutionnelle *des* 19-21 *juin* 1879, QUI RÉVISE L'ART. 9 DE LA LOI CONSTITUTIONNELLE DU 25 FÉVRIER 1875 [1].

Article unique. — L'article 9 de la loi constitutionnelle du 25 février 1875 est abrogé [2].

1. Cette loi a été délibérée et votée par les deux Chambres réunies en Assemblée nationale dans la séance du 19 juin 1879. Bien qu'elle soit enregistrée au *Bulletin des lois* à la date de sa promulgation, c'est-à-dire à la date du 21 juin, il semblerait qu'elle dût porter plutôt la date de son adoption. Les deux Chambres, réunies en congrès, constituent une Assemblée souveraine, et il est de principe que les lois votées par les assemblées souveraines portent la date du jour où leur adoption est devenue définitive. Il ne semble pas, en effet, que la prérogative conférée au Président de la République par le 2e § de l'art. 7 de la loi du 16 juillet 1875 (voy. p. 51) puisse s'étendre aux lois délibérées par l'Assemblée nationale. Par conséquent, la promulgation n'est plus, à l'égard de ces lois, qu'une affaire de pure forme et elles deviennent définitives à partir du jour où elles ont été adoptées dans leur ensemble. On objecterait vainement que la date de la signature du décret de promulgation est utile pour fixer le point de départ de la mise à exécution. Ce n'est pas la date du décret de promulgation, mais celle de l'arrivée du *Journal officiel* au chef-lieu de chaque arrondissement qui sert à déterminer le moment auquel une loi devient exécutoire.

2. Voy. cet article, p. 28 ; voy. aussi dans la note, la loi du 22 juillet 1879.

Loi constitutionnelle *des* 13-14 *août* 1884, PORTANT
REVISION PARTIELLE DES LOIS CONSTITUTIONNELLES.

Article premier. — Le paragraphe 2 de
l'article 5 de la loi constitutionnelle du
25 février 1875 [1], relative à l'organisation
des pouvoirs publics, est modifié ainsi qu'il
suit :

« En ce cas, les collèges électoraux sont
réunis pour de nouvelles élections dans le
délai de deux mois et la Chambre dans les
dix jours qui suivront la clôture des opérations électorales. »

Art. 2. — Le paragraphe 3 de l'article 8
de la même loi du 25 février 1875 [2] est com-
plété ainsi qu'il suit :

« La forme républicaine du Gouvernement
ne peut faire l'objet d'une proposition de
revision.

« Les membres des familles ayant régné
sur la France sont inéligibles à la Présidence
de la République. »

1. Voy. p. 22.
2. Voy. p. 23.

Art. 3. — Les articles 1 à 7 de la loi constitutionnelle du 24 février 1875 [1], relative à l'organisation du Sénat, n'auront plus le caractère constitutionnel.

Art. 4. — Le paragraphe 3 de l'article 1ᵉʳ de la loi constitutionnelle du 16 juillet 1875 [2], sur les rapports des pouvoirs publics, est abrogé.

1. Voy. p. 31.
2. Voy. p. 42.

TABLE DES MATIÈRES